EXPLORANDO SENTIMIENTOS

Terapia cognitivo conductual para controlar la ANSIEDAD

DR. TONY ATTWOOD

EXPLORANDO SENTIMIENTOS: Ansiedad Terapia cognitivo conductual para controlar la ansiedad

Todos los derechos de comercialización y publicidad garantizados y reservados por:

FUTURE HORIZONS INC.

800-489-0727
817-277-0727
817-277-2270 (fax)
www.FHautism.com

Traducido por Isabel Sanllehi Palet.

Impreso en los Estados Unidos de América.

ISBN 13: 9781949177381

TABLA DE CONTENIDOS

INTRODUCCIÓN

Visión general del programa explorar sentimientos

El programa de Terapia cognitiva del comportamiento sobre explorar sentimientos fue diseñado por el autor para que fuera altamente estructurado, interesante y satisfactorio para alentar el control cognitivo de las emociones. Cada niño que participaba en el programa tenía un cuaderno de trabajo para las seis sesiones de dos horas que incluía actividades e información para explorar los sentimientos específicos de sentirse feliz, relajado, ansioso o enfadado. Hay secciones en el cuaderno de trabajo para registrar comentarios individuales y respuestas a preguntas. Al final de cada sesión, se le explica al niño un proyecto, que debe terminarse antes de la sesión siguiente. Al empezar la sesión siguiente, el proyecto se discute con la persona que ejecutó el programa o con el grupo de participantes que usan el programa. El programa de explorar sentimientos está diseñado para explorar el mundo mental desde una perspectiva científica. Existen dos programas de exploración de sentimientos, uno está diseñado para gestionar la ansiedad, el otro para explorar y gestionar la ira.

En su origen, el programa estaba diseñado para grupos de entre dos y cinco niños de 9 a 12 años, con dos adultos que efectuaban el programa. No obstante, el programa de explorar sentimientos puede modificarse fácilmente, para que pueda ser utilizado para un solo niño. También las actividades pueden modificarse para que sean adecuadas a la edad de un adolescente o adulto. El programa fue diseñado como tratamiento para los trastornos de ansiedad o problemas de gestión de la ira en niños con el Síndrome de Asperger, pero el programa puede aplicarse igualmente a niños con autismo altamente funcional y trastornos generalizados del desarrollo, no especificados de otra forma (PDDNOS, por sus siglas en inglés). El autor también ha diseñado el programa de forma que no necesita que sea efectuado por un psicólogo calificado. Un profesor, un logopeda, un terapeuta ocupacional o un padre o madre, pueden efectuar el programa sin conocimiento en terapia cognitiva del comportamiento.

La primera sesión del programa explora dos emociones positivas, la Felicidad y la relajación, con una gama de actividades para medir, experimentar y comparar emociones positivas en situaciones específicas. La segunda sesión es una exploración de los sentimientos de ira o de ansiedad y reconocer los cambios que se producen a nivel fisiológico, de pensamiento, de comportamiento y de habla. Se explica el concepto de caja de herramientas con distintos tipos de herramientas para "arreglar los sentimientos", centrándose en las herramientas físicas que proporcionan una liberación constructiva de energía emocional (p.e., ir a correr o saltar de un trampolín) y herramientas de relajación que disminuyan el ritmo cardíaco (p.e., escuchar música o leer un libro). En la tercera sesión, se exploran las herramientas sociales; por ejemplo, la manera en que otras personas pueden ayudar a restablecer sentimientos positivos mediante palabras y gestos de tranquilidad y afecto o cómo evitar el contacto social (la soledad) puede ser una de las formas de restablecimiento emocional más eficaz para niños y adultos con el Síndrome de Asperger. En la tercera sesión también se exploran herramientas de pensamiento, una categoría de actividades o pensamientos que prueban la realidad y la probabilidad de situaciones o resultados temidos o frustrantes. En la cuarta sesión el programa usa el concepto de un "termómetro" como instrumento de medida para la "temperatura" de una emoción. Discutir con la persona que efectúa el programa y luego explorar cómo puede el niño tomar prestadas o compartir Estrategias o herramientas para gestionar satisfactoriamente su ansiedad o ansiedad. En la quinta sesión se incluye también el concepto de crear un "antídoto" hacia los pensamientos negativos o venenosos. En la sesión final, el niño o niños trabajan diseñando un programa de terapia cognitivo conductual para sí mismos y para otros miembros del grupo (si el programa se usa en contexto de grupo), para mejorar la gestión de la ansiedad o la ansiedad. El curso también incluye una actividad o prueba de un antes y un después, para manifestar el aumento de conocimiento y capacidad del niño para gestionar las emociones.

Introducción a la Terapia Cognitivo Conductual

Los estudios de investigación, la experiencia clínica y las autobiografías han confirmado que personas con el Síndrome de Asperger tienen grandes dificultades para entender y expresar emociones y corren el riesgo de desarrollar un trastorno de ansiedad o problemas de gestión de la ansiedad. Sin embargo, estamos solo empezando a aprender cómo modificar de forma eficaz tratamientos psicológicos como la terapia cognitivo conductual (CBT, por sus siglas en inglés) en niños y adultos con Síndrome de Asperger.

El Síndrome de Asperger y otros trastornos relacionados, como autismo, autismo altamente funcional y PDDNOS, están considerados como parte de los Trastornos del Espectro Autista (ASD, por sus siglas en inglés) o trastornos generales del desarrollo (PDD, por sus siglas en inglés). Los modelos teóricos de trastornos del espectro autista desarrollados en el entorno de la psicología cognitiva y de la investigación en neuropsicología proporcionan algunas explicaciones sobre la razón por la cual estas personas son menos capaces de entender y gestionar emociones.

La investigación exhaustiva por parte de psicólogos cognitivos sobre las habilidades de la Teoría de la Mente, es decir, la capacidad de percibir y entender lo que alguien puede estar pensando o sintiendo, y la capacidad de reflejarse en los propios pensamientos, confirma que los niños y adultos con el Síndrome de Asperger tienen grandes dificultades para identificar y conceptualizar los pensamientos y sentimientos de los demás y los suyos propios. El mundo interior e interpersonal de las emociones parece ser un territorio inexplorado para las personas con el Síndrome de Asperger. Esto fue la base del programa de Explorar Sentimientos.

La investigación sobre la Función Ejecutiva y el Síndrome de Asperger sugiere unas características de ser desinhibido e impulsiva con una relativa falta de perspicacia que afecta al funcionamiento general. Una Función Ejecutiva dañada también puede afectar al control cognitivo de las emociones. La experiencia clínica indica que existe una tendencia a reaccionar a señales emocionales sin un pensamiento cuidadoso o una reflexión cognitiva.

La investigación mediante el uso de nueva tecnología de neuroimagen también ha identificado anormalidades estructurales y funcionales de la amígdala de las personas con ASD o PDD, tales como el Síndrome de Asperger. La amígdala es una parte del cerebro conocida como reguladora de un grado de emociones que incluye la ansiedad, el miedo y la tristeza. Así, también tenemos evidencias neuro-anatómicas que sugieren que tendrán problemas con la percepción y regulación de las emociones.

Modificaciones a la Terapia Cognitivo Conductual

La terapia cognitivo conductual, o CBT, se ha desarrollado y perfeccionado durante varias décadas y, gracias al uso de evaluaciones científicas rigurosas, se ha comprobado que son eficaces para cambiar la forma de pensar de una persona y como responde a sentimientos tales como ansiedad, tristeza e ansiedad. La CBT se centra en aspectos de las deficiencias cognitivas en términos de madurez, complejidad y eficacia al pensar en emociones, y la distorsión cognitiva en términos de pensamiento disfuncional y suposiciones incorrectas. Así, tiene una aplicación directa en niños y adultos con el Síndrome de Asperger, de los que se sabe que tienen carencias y distorsiones al pensar en pensamientos y sentimientos. Las carencias cognitivas pueden incluir falta de madurez al expresar emociones, en especial afecto e ansiedad, un vocabulario limitado de sutiles expresiones emocionales y una falta de eficacia en términos de una amplia gama de adecuados mecanismos de reparación emocional. La distorsión cognitiva puede incluir una mala interpretación de las intenciones de alguien, en especial si un acto fue accidental o deliberado, una tendencia a interpretar literalmente lo que alguien dice o hace y un razonamiento disfuncional.

Los programas de terapia cognitivo conductual para chicos y adultos con Síndrome de Asperger tienen varias etapas, la primera etapa es la educación afectiva, donde los participantes aprenden acerca de las emociones. Ello incluye discusiones y ejercicios relacionados con la cognición o los pensamientos, afecto o sentimientos y comportamiento y la forma en la que las personas conceptualizan las emociones y perciben situaciones distintas. La educación afectiva también puede proporcionar la enseñanza y alentar la madurez y sutileza de una respuesta emocional a situaciones específicas. La etapa siguiente es la reestructuración cognitiva, e incluye un esquema de actividades para practicar las nuevas habilidades cognitivas. La reestructuración cognitiva corrige conceptualizaciones erróneas y creencias disfuncionales. Se anima a los participantes a establecer y examinar la evidencia hacia o contra sus pensamientos o emociones y a crear una nueva percepción de acontecimientos específicos. También se desarrolla un esquema por etapas de actividades para permitir que los participantes practiquen nuevas habilidades.

Educación afectiva

El objetivo principal de la educación afectiva es aprender la razón por la que tenemos emociones, su uso y mal uso e identificar los distintos niveles de expresión. Un principio básico es explorar una emoción cada vez como tema para un proyecto. Un punto de partida útil es la felicidad o el placer. El programa Explorar Sentimientos describe, tal como los chicos descubren, las señales destacadas que indican un nivel determinado de expresión emocional en la expresión facial, el tono de voz, el lenguaje corporal y el contexto. La cara se describe como un centro de información para las emociones. Los errores típicos incluyen el no identificar qué señales son relevantes o redundantes, y malinterpretar las señales. La persona que efectúa el programa utiliza una gama de juegos y Recursos para "detectar el mensaje" y explicar los múltiples significados: por ejemplo, una ceja fruncida puede significar ansiedad o perplejidad; una voz elevada no significa automáticamente que la persona esté enfadada.

Una vez se han identificado los elementos clave que indican una emoción en particular, es importante utilizar un "instrumento" para medir el grado de intensidad. La persona que efectúa el programa puede construir un modelo "termómetro" y usar una gama de actividades para medir el nivel de expresión. Esos pueden incluir imágenes que ilustren distintos niveles de expresión emocional o palabras en tarjetas que describan la intensidad de la emoción. Cada dibujo o palabra puede colocarse en el punto adecuado del termómetro. Durante el programa es importante asegurarse de que tanto el chico como la persona que efectúa el programa comparten la misma definición o interpretación de las palabras y gestos y para clarificar cualquier confusión. Otro valor para usar un termómetro es ayudar al chico a percibir sus "señales de alerta temprana", la elevación de la temperatura emocional, que indican una subida emocional que puede necesitar control cognitivo.

Cuando se comprenden una o dos emociones positivas y los niveles de expresión, el siguiente componente de la educación afectiva es utilizar los mismos procedimientos para contrastar emociones negativas como la ansiedad o la ansiedad. Cuando exploramos emociones negativas como la ansiedad o la ansiedad, se utilizan actividades para explicar el concepto de luchar o huir como respuesta a un peligro o amenaza. Los chicos exploran la forma en que esas emociones afectan a su cuerpo y pensamiento, como el aumento del ritmo cardíaco, cambios en la química corporal (adrenalina), sudoración, tono muscular, capacidad de percepción y de solucionar un problema. Tras miles de años, estos cambios han sido una ventaja para provocar situaciones de ansiedad o de amenaza. No obstante, en nuestra sociedad moderna podemos experimentar la misma intensidad de reacción de lucha o huida hacia lo que imaginamos o malinterpretamos como una preocupación o amenaza. También es importante explicar que cuando somos emocionales, podemos ser menos lógicos y racionales y esto afecta a nuestra capacidad de resolución de problemas y toma de decisiones. Estar calmado y "genial" ayudará al chico en las situaciones practicas e interpersonales.

Reestructuración cognitiva

La reestructuración cognitiva permite que el chico o adulto corrijan conceptualizaciones distorsionadas y creencias disfuncionales. El proceso implica desafiar la manera de pensar normal de la persona con evidencia lógica y asegurando la racionalización y el control cognitivo de las emociones. El primer componente es establecer la evidencia para un pensamiento o creencia en particular. La gente con Síndrome de Asperger puede malinterpretar las intenciones de otros, en especial en términos de una acción accidental o deliberada, y tiene tendencia a hacer una interpretación literal. Puede tomarse un comentario casual fuera de contexto o hasta el extremo en el que la persona no reconozca que el comentario significaba un chiste.

Conversaciones de tiras cómicas

Para explicar una perspectiva alternativa o corregir errores de interpretación, las Conversaciones de Tiras Cómicas, (CSC por sus siglas en inglés), pueden ayudar al chico a descubrir los pensamientos, creencias, conocimiento e intenciones de los participantes en una situación concreta. Las conversaciones de tiras cómicas, las desarrolló en un principio Carol Gray (1998), y luego las adaptó el autor como una parte inestimable de CBT (terapia cognitivo conductual) para chicos y adultos con Síndrome de Asperger. La técnica implica dibujar un acontecimiento o secuencia de acontecimientos en forma de guion gráfico con figuras para enganchar, para representar a cada participante y los globos del habla y los pensamientos, para representar sus palabras y pensamientos. Los globos de conversaciones y pensamientos pueden dibujarse en una gran variedad de formas para expresar emoción. Por ejemplo, bordes afilados para indicar la ira o líneas onduladas para indicar ansiedad. También pueden utilizarse colores y los chicos pueden elegir qué color representa una emoción específica. Las frases que expresen felicidad o positivas pueden escribirse en verde (el chico determina la elección del color), mientras que los pensamientos infelices pueden escribirse en rojo. Puede desarrollarse una carta entera de colores; por ejemplo, comentarios embarazosos pueden escribirse con un marcador rosa, o los sentimientos tristes con uno azul. El color y el tono pueden traducirse en aspectos relevantes del tono de voz o el lenguaje corporal de la persona. A medida que el chico escribe en los globos de palabras o pensamientos, la elección de color indica su percepción de la emoción transmitida o prevista. Una conversación de tiras cómicas puede esclarecer la interpretación de eventos y la racionalidad para sus pensamientos y respuestas. La posterior guía mediante un CSC (conversación de tiras cómicas) puede ayudar al chico a identificar y corregir cualquier percepción errónea y determinar cómo afectarán las respuestas alternativas a los pensamientos y sentimientos de alguien. Las conversaciones de tiras cómicas permiten al chico analizar y comprender la gama de mensajes y significados que son parte natural de una conversación o juego. Los globos de palabras y pensamientos, así como la elección de colores, pueden ilustrar los mensajes ocultos.

El autor y Carol Gray han observado que los chicos con Síndrome de Asperger a menudo dan por sentado que la otra persona está pensando lo que realmente está pensando él; o asumen que los demás piensan exactamente lo que están diciendo y nada más. Las conversaciones de tiras cómicas pueden usarse para mostrar que cada persona puede tener pensamientos y sentimientos muy diversos en la misma situación. Otra ventaja de esta técnica es que puede utilizarse para representar la secuencia de acontecimientos en una conversación e ilustrar los efectos potenciales de una gama alternativa de comentarios o acciones.

Un efecto común de malinterpretar la intención de otra persona, sea deliberada o accidental, es la tendencia a ser demasiado suspicaz o casi paranoico. Nuestro conocimiento de las habilidades dañadas de la Teoría de la Mente, en el perfil cognitiva de chicos y adultos con Síndrome de Asperger sugiere una explicación simple. Otros lo conocerán por el contexto, lenguaje corporal y carácter de la persona implicada, en que el intento no fue para causar malestar o daño. No obstante, hay personas con Síndrome de Asperger que pueden centrarse principalmente en el acto y las consecuencias hacia ellos mismos, el me agredió y dolió, así que fue deliberado, mientas que otros tendrán en consideración las circunstancias; es un chico agradable, estaba corriendo, tropezó y me golpeó accidentalmente.

El chico con Síndrome de Asperger puede tener un repertorio limitado de respuestas a situaciones que provocan ira o ansiedad. La persona que efectúa el programa y el chico, crean una lista de respuestas adecuadas e inadecuadas y las consecuencias de cada opción. Se pueden dibujar varias opciones como un diagrama de flujo que permita que el chico determine la respuesta más adecuada a largo plazo. Otra parte de la reestructuración cognitiva en realidad consiste en desafiar ciertas creencias con hechos y lógica. Puede suministrarse información que establece que el riesgo estadístico de un acontecimiento en particular es altamente improbable y no necesariamente mortal, como ser alcanzado por un rayo; o cuando otro chico dice, "voy a matarte," ¿realmente tiene una intención homicida?

El autor ha desarrollado la Caja de Herramientas Emocional, una estrategia de éxito para la reestructuración cognitiva, que es una de las principales actividades para ayudar a reparar un sentimiento en el programa CBT, Explorar Sentimientos.

La Caja de Herramientas Emocional

Desde la más tierna edad, los niños sabrán que una caja de herramientas contiene una variedad de herramientas distintas para reparar una máquina o arreglar un problema familiar. La estrategia que se utiliza en *Explorar Sentimientos*, es identificar distintos tipos de "herramientas" para resolver los problemas asociados a emociones negativas, en especial la ira y la ansiedad. La gama de herramientas puede dividirse en aquellas que de forma rápida y constructiva liberan o reducen lentamente energía emocional y aquellas que mejoran el pensamiento. La persona que efectúa el programa trabaja con el chico o el adulto con Síndrome de Asperger, y su familia, para identificar distintas herramientas que ayuden a reparar el sentimiento, así como algunas herramientas que pueden hacer que las emociones o consecuencias empeoren. Los participantes utilizan papeles y lápices durante una sesión de lluvia de ideas en la que dibujan una caja de herramientas y dibujos y descripciones de distintos tipos de herramientas y actividades que pueden fomentar la reparación de una emoción constructiva.

Herramientas físicas

Un martillo puede representar herramientas o acciones que liberan energía de forma física. Se dibuja un martillo en una gran hoja de papel y el chico o los participantes en el programa sugieren actividades físicas adecuadas y seguras. Para chicos jóvenes, puede ser ir a correr, saltar de un trampolín o nadar. Para chicos mayores y adultos, practicar deportes y bailar pueden usarse para "soltar vapor" o liberar energía emocional. Por ejemplo, un chico nombró un juego de tenis como una de sus herramientas físicas, ya que "me quita la lucha". Otras actividades incluyen ciclismo, natación y tocar los tambores. Algunas actividades domésticas pueden proporcionar una liberación satisfactoria de energía potencialmente destructiva sin reparaciones costosas; por ejemplo, reciclar, donde las latas o los embalajes se comprimen, o se rompe la ropa vieja para hacer harapos, puede ser una herramienta útil para reparar sentimientos de frustración. Actividades culinarias pueden incluir exprimir naranjas o triturar carne. Los adultos pueden pensar en algún aspecto de jardinería o reformas en la casa.

Algunos chicos y adultos con Síndrome de Asperger puede que ya hayan identificado que la destrucción es una herramienta física que es muy eficaz para "arreglar rápidamente" y poner fin a un sentimiento desagradable, pero no han sido cuidadosos al escoger el foco de su liberación física. Si algo debe romperse para liberar estrés, entonces es preferible que la energía se canalice hacia una actividad constructiva. El autor utiliza el término "destrucción creativa" para describir algunas actividades de reciclaje que de forma eficaz liberan energía.

Herramientas de relajación

Las herramientas de relajación ayudan a calmar a la persona y bajar el ritmo cardíaco. Puede usarse un pincel para ilustrar esta categoría de herramientas, y las actividades pueden incluir el dibujar, leer y escuchar música. La gente con Síndrome de Asperger a menudo encuentra la soledad como su actividad más relajante. Puede que necesiten aislarse a un santuario tranquilo, recluido, como una forma emocional de mecanismo de reparación efectiva. Los jóvenes se relajan usando acciones suaves de balanceo y hacer una acción repetitiva: esto puede incluir manipular un objeto, como una pelota de estrés, que tiene las mismas cualidades de alivio que un adulto manipulando cuentas de preocupación (tipo rosario).

Otras actividades relajantes pueden incluir un masaje, una cabezadita o dormir, así como actividades de relajación que se hayan practicado de antemano y se centren en la respiración y las imágenes. Para los adultos, una tarea rutinaria, como limpiar la casa y ordenar puede ser una acción repetitiva que da como resultado satisfacción y relajación cuando se termina. Obviamente, existen problemas si esta es la herramienta predominante de la caja de herramientas, ya que podría llegar a ser el objetivo para un Trastorno Obsesivo-Compulsivo. Los profesores también pueden usar objetivos específicos en la clase. Por ejemplo, un profesor que nota que un niño está distrayéndose, puede sugerir un alto grado de responsabilidad que permita que el niño abandone una situación que restaure orden y consistencia, como salir de clase para llevar un mensaje importante o un documento a la oficina de la escuela, u ordenar el armario de libros y colocarlos todos en orden alfabético. Un adulto con Síndrome de Asperger puede decir cuáles son sus herramientas de relajación que puede usar en el trabajo o en casa.

Herramientas sociales

Este grupo de herramientas utiliza a otras personas como medio de gestionar emociones. El objetivo es encontrar y estar con alguien (o un animal o mascota) que pueda ayudar a cambiar el humor. La actividad social necesita ser divertida y sin estrés que a veces pueda asociarse con una interacción social, en especial cuando se interacciona con más de una otra persona (recordando la descripción, "dos son compañía, tres son multitud"). Las personas con Síndrome de Asperger a menudo prefieren evitar las muchedumbres.

El contacto social de soporte puede incluir el buscar y estar con alguien que admire o quiera al niño o adulto de forma genuina, le hace cumplidos y consigue decirle las cosas adecuadas para reparar los sentimientos. Esta persona puede ser un miembro de la familia, quizá un abuelo que tenga tiempo de ser paciente con el niño, o un amigo. La comunicación a base de charlas por internet pueden ser una actividad social satisfactoria que puede ser un mecanismo de reparación emocional. La gente con Síndrome de Asperger puede ser más elocuente y visión para revelar sus pensamientos y sentimientos tecleando en vez de hablar. Uno no necesita habilidades sobre contacto visual o leer una cara o cambios en el tono de voz o el lenguaje corporal cuando está en una "conversación" en internet. La línea de chat puede incluir a otras personas con Síndrome de Asperger que tengan una empatía genuina y puedan ofrecer sugerencias constructivas para reparar un humor o una situación. El autor ha conocido varios adultos maduros con Síndrome de Asperger que han dado una ayuda inteligente y consejos a miembros más jóvenes de la "comunidad Asperger" que usa internet.

A veces, el mejor amigo puede ser una mascota. A pesar del humor negativo o acontecimientos estresantes del día, los perros están encantados de ver a su dueño, muestran afecto incondicional y claramente disfrutan de la compañía de las personas, como lo demuestra que mueven la cola. El tiempo que pasamos en compañía de un animal puede ser una restauración emocional muy eficaz tanto para niños como para adultos con Síndrome de Asperger.

Una herramienta o actividad que puede ayudar a reparar las emociones negativas es ayudar a alguien o que nos necesiten en un acto altruista. El autor ha observado que algunos niños ansiosos, y en especial los adultos con Síndrome de Asperger, pueden cambiar su humor desde una introspección negativa a un entusiasmo positivo cuando ayudan a los demás. Esto puede incluir actividades tales como ayudar a alguien que tiene dificultades en un área en el que el niño es un experto o tiene talento: por ejemplo, ayudar a adultos a a arreglar problemas con un ordenador, o hacer de guía de otro compañero de clase que no tiene la capacidad del niño con un tema como las matemáticas. Los adultos con Síndrome de Asperger pueden disfrutar y beneficiarse emocionalmente de un trabajo voluntario, en especial con los mayores, niños muy pequeños y animales. Ser necesario y apreciado es un mecanismo de reparación emocional para todos nosotros, y también para los que tienen el Síndrome de Asperger.

Herramientas para pensar

El chico puede nombrar otro tipo de práctica, como un destornillador o llave inglesa, para representar una categoría de herramientas que pueden utilizarse para cambiar el pensamiento o el conocimiento. Se anima al chico a usar su Fortaleza intelectual para controlar sentimientos usando una variedad de técnicas. Puede utilizarse el hablar para uno mismo, como "puedo controlar mis sentimientos" o "puedo permanecer calmado" cuando estoy estresado. Las palabras pueden ser tranquilizadoras y alentar la autoestima. Evan, un joven con Síndrome de Asperger, estaba discutiendo herramientas de pensar con el autor y crearon la estrategia de hacer un "antídoto para los pensamientos venenosos". El procedimiento es proporcionar un comentario que neutralice o sea el contrapunto a los pensamientos negativos. Por ejemplo, el pensamiento "no puedo hacerlo" (pensamiento venenoso), puede ser neutralizado por el antídoto "pedir ayuda es la forma inteligente de arreglarlo". Es necesario para determinar los pensamientos negativos o venenosos de la persona en una determinada situación y crear un antídoto personalizado que se recuerda o se escribe en una tarjeta que la persona puede llevar y "administrar" o recordar cuando lo necesite.

Otra herramienta de pensar es poner el acontecimiento en perspectiva: una comprobación de la realidad. El enfoque es usar la lógica y los hechos con una serie de preguntas, tales como ¿hay alguna otra tienda dónde pueda comprar el juego de ordenador? O ¿los niños que te molestan por tu interés en la astronomía, te impiden ser un astrónomo de éxito?

Los niños y los adultos con Síndrome de Asperger están muy motivados para adquirir conocimientos, y un tipo especial de "herramienta de pensar" es crear un proyecto sobre el tema que está asociado con la ansiedad. Por ejemplo, una persona con un Trastorno del Espectro Autista podría notar el sonido de una aspiradora como intolerablemente fuerte. El proyecto puede incluir el explorar el valor y las funciones de una aspiradora, desmontando una de vieja para descubrir cómo funciona y estar seguros de que se apagará una vez la alfombra esté libre de polvo y restos. Pueden compararse distintos tipos de aspiradoras, y una exploración de cuáles hacen un ruido más tolerable, con el uso de un termómetro que mida la intensidad del sentimiento. El autor ha observado que algún tipo de interés especial en niños con Síndrome de Asperger, en realidad empezaron asociado con una experiencia sensorial de miedo como una forma inteligente de reducir éste último. Por ejemplo, el miedo a un sonido de la descarga del inodoro se convirtió en un interés por los sistemas de fontanería para algunos niños, y el ruido intenso y súbito de un trueno se convirtió en la base de un interés especial por los sistemas meteorológicos para predecir cuando existía la posibilidad de una tormenta con truenos.

Los niños con Síndrome de Asperger pueden utilizar una herramienta de pensar para mejorar el humor y la autoestima para conseguir éxitos escolares, lo que a menudo otros niños no eligen. Cuando un niño con Síndrome de Asperger está agitado, el profesor puede decirle que termine una actividad escolar que le gusta y para la cual tiene un talento especial, como resolver problemas matemáticos o deletrear. Otros niños probablemente intentarán evitar tareas escolares cuando están estresados.

La relajación controlada por una señal también es una herramienta de pensar útil. La estrategia es que el niño tenga un objeto en su bolsillo que simbolice relajación, o que, mediante el condicionamiento clásico o la asociación, respondan sintiéndose relajados. Por ejemplo, una adolescente con Síndrome de Asperger era una ávida lectora de ficción, su libro favorito era *The Secret Garden*. Guardaba una llave en su bolsillo para, de forma metafórica, abrir la Puerta al jardín secreto, un lugar imaginario en el que se sentía relajada y feliz. Unos momentos tocando o mirando la llave la ayudaban a contemplar una escena descrita en el libro y relajarse y lograr un estado mental más positivo. Los adultos pueden llevar una foto especial en su cartera, como la foto de un bosque, que les recuerde a una sensación de soledad y tranquilidad.

Herramientas de interés especial

Los niños y adultos con Síndrome de Asperger pueden experimentar un intense placer cuando están haciendo algo que sea de especial interés para ellos. El grado de satisfacción puede ser muy excesiva para otras experiencias potencialmente agradables. Se puede animar al niño a comprometerse en su interés como medio de restaurar el equilibrio emocional, un contrapeso de placer. A veces, la actividad puede parecer que fascina y domina todo pensamiento, pero esto puede, en efecto, excluir pensamientos negativos como la ira y la ansiedad. Cuando el niño o el adulto con Síndrome de Asperger está muy afligido, la forma más eficaz de restauración emocional es la soledad y estar totalmente absorbido por su especial interés.

Sabemos que en la población general, la rutina, los rituales y la repetición, son actividades que calman y una de las características de especial interés de los niños y adultos con Síndrome de Asperger es su naturaleza repetitiva, rutinaria y de ritual. Una adolescente con Síndrome de Asperger, conocido del autor, tenía gran interés por la cultura japonesa y efectuaba la ceremonia del té tan elaborada y de gran ritual, siempre que se sentía ansiosa. Para ella, la actividad la calmaba de forma evidente. Luke Jackson (2002), un adolescente con Síndrome de Asperger, describe el catálogo de ejemplos de sus intereses como una forma de "desfragmentación personal". La actividad crea una sensación de satisfacción, comodidad y seguridad.

En términos de teoría de aprendizaje conductual, las acciones repetitivas, pensamientos o intereses especiales, se convierten en una forma de refuerzo negativa; es una forma poderosa de refuerzo porque hace terminar un sentimiento desagradable. El autor ha observado que el grado de motivación y duración del tiempo que pasan con sus intereses es proporcional al grado de ansiedad o agitación. Cuanta más preocupación, confusión y agitación experimenta una persona, más vemos como el interés se vuelve una obstrucción, una dominación o una cosa extraña. Si el niño o adulto con Síndrome de Asperger tiene pocas formas de diversión y relajación, lo que podía haber empezado como una fuente de placer y tranquilidad, bajo condiciones de estrés extremo puede convertirse en un acto compulsivo, reminiscencia de un Trastorno Obsesivo-Compulsivo. Este problema puede darse cuando el niño tiene muy pocas herramientas en su caja de herramientas emocional. Si el interés especial solo es fuente de relajación o evasión mental, entonces puede llegar a ser irresistible. Si se le impide poder tener un acceso ininterrumpido a esa restauración emocional tan poderosa, se crea aún más estrés. Se puede introducir un programa de acceso controlado o con un tiempo determinado para asegurar el rato pasado con el interés no sea excesivo. Por desgracia, desde el punto de vista del niño, el tiempo pasa demasiado deprisa cuando te estás divirtiendo. Quizá sea necesaria alguna forma de negociación y compromiso, por lo que respecta a la promesa relacionada con la duración al acceso. Así, el interés especial puede ser poderoso pero una herramienta psicológica potencialmente peligrosa en la caja de herramientas.

La persona que efectúa el programa de Explorar Sentimientos puede hacer cambios en el programa en términos de cantidad de tiempo que se pasa en cada actividad, pero también haciendo ajustes para incluir el interés especial del niño como una metáfora o un motivador. Por ejemplo, un interés por el tiempo climático podría conducir a adaptaciones como sustituir el termómetro por un barómetro y usar términos meteorológicos para describir ciertas emociones. A una joven con Síndrome de Asperger que estaba especialmente interesada por los sistemas del tiempo climático, en especial por los tornados, la animaron a usar sus conocimientos del clima para entender las emociones. La confusión se consideraba como niebla, la ansiedad como estar helada con miedo, mientras que la aproximación de un tornado era su descripción de placer intenso.

Herramientas adicionales para la caja de herramientas

Existen otros tipos de categorías de herramientas que pueden incluirse en la caja de herramientas, y que pueden ser tratamientos típicos para gestionar las emociones, y se utilizan en la población en general, o características inusuales de niños y adultos con Síndrome de Asperger.

Medicación

A menudo se prescribe la medicación a niños y adultos con Síndrome de Asperger para gestionar emociones. Si el niño o adulto muestran signos claros de un trastorno de ansiedad diagnosticable o de una depresión clínica, que pueda expresarse como episodios de ansiedad intensos (una depresión agitada y externalizada), entonces puede recomendarse una medicación como herramienta para gestionar una potencial emoción.

Algunos niños y adultos con Síndrome de Asperger también tienen signos de Trastorno de Déficit de Atención. Una de las características de la combinación de los dos trastornos es que el niño reacciona de forma impulsiva cuando experimenta una excitación emocional. Esos niños tienen tendencia a reaccionar sin un reflejo cognitivo, como comprobar si el acto fue accidental o considerando las consecuencias de una represalia. Un ensayo con una medicación estimulante podría reducir las reacciones emocionales impulsivas.

Algunos niños con Síndrome de Asperger tienen fluctuaciones de emociones que son cíclicas. Un diario sobre los cambios de humor puede determinar la longitud de onda de un patrón cíclico. El cuidador o la persona con Síndrome de Asperger puede nombrar el grado de ira o de ansiedad experimentado durante el día usando un sistema numérico basado en el concepto de termómetro de una emoción. Si la persona, en cierto modo, se siente serena y tolerante durante la mayor parte del día, el valor puede ser cero a uno, mientras que un sentimiento predominante de ira o ansiedad se mide en el extremo superior de la escala, quizá nueve o diez. El humor diario puede usarse para examinar si son características cíclicas que indiquen un trastorno bipolar o estados de ánimo relacionados con fluctuaciones hormonales. La administración de medicación podría lograr una reducción en la amplitud, de forma que la persona con Síndrome de Asperger no experimentase los extremos de las emociones negativas.

El autor sugiere que la gestión de la ira pueda conceptualizarse como la gestión de la energía destructiva, y la medicación antipsicótica puede reducir los niveles de energía de la persona. La medicación que se prescribe es sedante, en vez de un tratamiento para los síntomas claros de esquizofrenia. Como cuestión de convivencia, y a menudo en ausencia de CBT, dicha medicación puede ser necesaria para mantener las circunstancias de la persona y reducir la intensidad de la energía destructiva y explosiva emocional.

La experiencia clínica ha confirmado el valor de la medicación para el tratamiento de la ansiedad y la ira, pero hay algunas preocupaciones, a menudo expresadas por los padres y por las personas con Síndrome de Asperger. Una de las preocupaciones de padres y médicos es que actualmente no disponemos de estudios longitudinales del efecto a largo plazo usando medicación psicotrópica en niños. Otra preocupación, para padres, profesores y en especial el niño y adulto con Síndrome de Asperger, es el efecto sobre la claridad de pensamiento de la persona. Muchos niños y adultos con Síndrome de Asperger dicen que la medicación ralentiza sus pensamientos y habilidades cognitivas. La gente con Síndrome de Asperger, a menudo valora la claridad de pensamiento: un adulto con Síndrome de Asperger describía su reacción a la medicación: "es como si estuviera encerrado fuera de mi propia casa".

Otras herramientas

Otras herramientas potenciales para la caja de herramientas son actividades divertidas, como ver tu comedia favorita. Los niños con Síndrome de Asperger pueden gozar del humor típico de su nivel de Desarrollo y ser muy creativos con sus propios juegos de palabras y chistes o su sentido del humor único. A veces una buena risa puede ser un restaurador emocional muy eficaz. Otra herramienta es leer autobiografías de adolescentes y adultos con Síndrome de Asperger para animar y dar consejo. Actualmente tenemos autobiografías escritas por niños y adultos con Síndrome de Asperger, que pueden servir de gran inspiración.

Otra categoría de herramientas, que podría describirse como herramientas sensoriales, implica evaluar la capacidad de la persona para hacer frente al mundo sensorial e identificar estrategias para evitar experiencias sensoriales específicas. Por ejemplo, la posición del niño en el pupitre en clase o la estación de trabajo del adulto puede cambiarse, y si es necesario, moverse para reducir el nivel general de ruido, la intensidad de la luz y la proximidad de los aromas, como por ejemplo productos de limpieza. La terapia de integración sensorial o el uso de las lentes Irlen puede reducir las molestias causadas por aspectos de hipersensibilidad sensorial, que es característica del Síndrome de Asperger.

Otra herramienta que puede potenciar el autocontrol es sugerir un premio o recompensa. La recompensa puede ser tener acceso a las actividades preferidas, interés especial e incluso dinero. El autor ha observado que algunos niños con Síndrome de Asperger son capitalistas natos. El problema subsiguiente puede ser la inflación económica.

Puede usarse una herramienta para algunos niños, especialmente niñas, con Síndrome de Asperger, para actuar como una persona que conozcan y admiren que pueda hacer frente a la situación. En la escuela superior, pueden utilizarse las clases de declamación y teatro para practicar y hacer un papel de qué hacer y pensar en situaciones específicas. Algunos adolescentes con Síndrome de Asperger, en especial las niñas, han utilizado la educación teatral y las capacidades de actuación para conseguir éxito social. Un ejemplo de ello es Liane Holiday Willey, cuya autobiografía se titula "Fingiendo ser normal" (Holiday Willey 1999).

El concepto de una caja de herramientas también puede utilizarse en actividades de grupo para comparar la eficacia de las herramientas utilizadas por distintos participantes del grupo, con la posibilidad de "tomar prestada" una herramienta usada por otra persona del grupo, un miembro de la familia o un amigo. El autor ha observado un derivado interesante y extremadamente valioso de la estrategia de la caja de herramientas, que se trata de que puede enseñar a niños y adultos con Síndrome de Asperger cómo reparar, no solo sus propias emociones, sino las de sus familiares y amigos.

Herramientas inapropiadas

El programa Explorar Emociones incluye la discusión sobre herramientas inapropiadas (con el comentario de que no se utilizaría un martillo para arreglar un ordenador), para explicar cómo algunas situaciones, como la violencia, pensamientos suicidas y participar en represalias, no son herramientas apropiadas o mecanismos de reparación emocional. Por ejemplo, un niño sabe que el autor se abofetearía para detener pensamientos y emociones negativos. Otra herramienta que podría ser inapropiada es retraerse en un mundo de fantasía. Usar la vía de escape en libros de fantasía y juegos puede ser una herramienta típica para adolescentes normales, pero es preocupante cuando se convierte en un mecanismo de afrontamiento dominante o exclusivo y la frontera entre la fantasía y la realidad se vuelve menos clara, lo que conduce a una preocupación en lo que concierne al desarrollo de signos de esquizofrenia. La persona que lleva a cabo el programa también necesita considerar si los adolescentes o adultos con Síndrome de Asperger están usando fármacos ilegales y alcohol para gestionar sus niveles de estrés y de humor, y si sería más eficaz, legal y segura una receta médica. Otras herramientas inapropiadas podrían incluir dirigir su estrés hacia otra persona, autolesionarse y destruir algo valioso.

También es necesario evaluar herramientas que usan los padres, miembros de la familia y profesores y sacar de la caja de herramientas aquellas que pueden ser inapropiadas o contraproducentes. A menudo los niños y adultos con Síndrome de Asperger están confundidos por ciertas expresiones de afecto y esto puede ser el caso a la hora de expresar una emoción. Puede que tengan miedo de lo que no entienden con facilidad y el afecto de los demás puede que no sea un mecanismo de reparación emocional tan eficaz. Un abrazo podría ser interpretado como

Un estrujamiento desagradable. A veces, el afecto puede ser causa de más agitación o confusión. Un joven con Síndrome de Asperger describía cómo a veces se siente muy triste, pero dijo, "Pero me enfado cuando alguien intenta darme ánimos", y un niño más pequeño con Síndrome de Asperger, cuando se le preguntaba si un abrazo le ayudaría cuando estaba triste, respondía con un enfático, "No, me pone más loco".

Padres, amigos, miembros de la familia y profesores necesitarán estar atentos ya que el afecto es una herramienta emocional muy poderosa para sí mismo, pero no necesariamente para niños y adultos con Síndrome de Asperger. La demostración de afecto podría "añadir gasolina al fuego". La persona que efectúa el programa puede necesitar explicar que, aquellas personas con Síndrome de Asperger, el motivo por el cual otras personas responden a su angustia con gestos y palabras de afecto. Esto puede reducir su confusión y aumentar su tolerancia al comportamiento afectivo de otros. No obstante, a veces el afecto puede usarse como un mecanismo de reparación emocional o una herramienta de la caja de herramientas, sino el nivel de expresión puede ser mucho menos demostrativo que el que usaría alguien que no tenga el Síndrome de Asperger.

Herramientas inusuales

Las respuestas inusuales a las emociones también son una característica del Síndrome de Asperger y está considerado en el programa Explorar Emociones. La persona con Síndrome de Asperger puede que ría cuando se espera que llore y muestre lágrimas. Llorar y reír, ambos son mecanismos de liberación de tensión; por desgracia, la persona con Síndrome de Asperger puede que no sepa o no sea capaz de reconocer qué mecanismo de liberación es adecuado para el contexto social.

El autor explora otra respuesta inusual durante una sesión de grupo sobre la tristeza; una adolescente con Síndrome de Asperger explicó que, "Llorar no me sirve, así que me enfado." La experiencia clínica sugiere que las lágrimas pueden ser una forma de respuesta rara a sentirse triste, con una respuesta más normal a estar enfadado, lo que puede ser un restaurador emocional más eficaz para las personas con Síndrome de Asperger. En estos casos, el programa necesitará incluir una explicación al motivo por el cuál las reacciones pueden ser malinterpretadas por otros y así permitir que otras personas entiendan la razón por la que no ven las lágrimas que cabría esperar.

La experiencia clínica con el concepto de una caja de herramientas emocional ha proporcionado algunas comparaciones interesantes entre niños con Síndrome de Asperger y los demás niños, que naturalmente tienen una gama mucho más amplia de herramientas, entre las más populares y eficaces están las sociales. Para los niños con Síndrome de Asperger, a menudo los actos físicos son la primera herramienta que emplean, para descargar rápida y eficazmente la emoción. La gestión de las emociones normalmente se consigue por medio de reacciones más que por reflexión y relajación. A menudo, los niños con Síndrome de Asperger necesitan que se les anime a usar a otras personas como una forma constructiva y eficaz de reparar sus sentimientos.

Historias Sociales/Social Stories™

Otra forma cognitiva de actividad de reestructuración incluida en *Explorar Sentimientos* es una técnica desarrollada por Carol Gray llamada *Social Stories™* (en español, Historias Sociales), que es muy eficaz para que los niños entiendan las señales y respuestas específicas para situaciones emocionales y sociales. Preparar *Social Stories™* también permite a otras personas entender la perspectiva del niño y la razón del por qué su comportamiento social puede parecer excesivamente confuso, ansioso, agresivo o desobediente. Recientemente, Carol Gray (2004) ha revisado los criterios y pautas para escribir una Social Story™ y, lo que viene a continuación es un breve resumen de las pautas que pueden utilizarse al escribir una Social Story™ como parte del programa Explorar Sentimientos.

Una Social Story™ describe una situación, habilidad o concepto en términos de pautas sociales relevantes, perspectivas y respuestas normales en un estilo y formato definido de forma específica. El objetivo es compartir información emocional y social precisas de una forma informativa y tranquilizadora, que pueda ser entendida por el niño (o adulto) con Síndrome de Asperger. La primera Social Story™, y al menos el 50 por ciento de las siguientes Social Stories™, deberían describir, afirmar y consolidar las capacidades y el conocimiento existentes y qué es lo que el niño hace bien. Esto puede evitar el problema de que una Social Story™ se asocie con un fracaso. Social Stories™ también puede escribirse como una forma de registrar los logros al utilizar nuevo conocimiento y estrategias. Es importante que el niño no asocie exclusivamente Social Stories™ con su ignorancia o fracaso emocional y social.

Uno de los aspectos esenciales de escribir una Social Story™ es determinar de forma colaborativa cómo se percibe una situación en especial por parte de personas con Síndrome de Asperger, dejando de lado el asumir que los adultos saben todos los hechos, pensamientos, emociones e intenciones del niño con Síndrome de Asperger. La estructura de la historia tiene una introducción, un cuerpo que añade detalles y conocimiento y una conclusión que resume y refuerza la información y cualquier nueva sugerencia. La historia o texto está escrita desde la perspectiva de una primera o tercera persona. Para niños más jóvenes, la perspectiva de primera persona, utilizando el pronombre personal "yo", le da al niño la información que puede personalizar e interiorizar. Para adolescentes y adultos, la Social Story™ puede escribirse desde la perspectiva de terceras personas "él o ella", en un estilo que se parezca a un artículo de una revista, adecuada a su edad. El término Social Story™ puede cambiarse por Social Article (en español, Artículo Social). Si la persona tiene algún interés en especial, éste puede ser añadido al texto. Por ejemplo, si el niño tiene un interés especial por el hundimiento del Titanic, pueden utilizarse escenas de la película o recuerdos personales de libros de historia o documentales para ilustrar y poner énfasis sobre la información clave en la Social Story™. También pueden utilizarse dibujos, fotografías e imágenes para ilustrar el texto de la Social Story™.

* El termino Social Story™ sera utilizado para historia social(es) debido a los derechos del autor.

Las Social Stories™ utilizan un lenguaje positive y una perspectiva constructiva. Las sugerencias son qué hacer en vez de lo que no hay que hacer. El texto incluye frases descriptivas que dan información de hechos o afirmaciones, pero una de las razones del éxito de las Social Stories™ es, según palabras de Carol Gray, usar frases con perspectiva. Estas frases están escritas para explicar la percepción que tiene la persona sobre el mundo físico y mental. Las frases con perspectiva describen emociones, creencias, opiniones, motivación y conocimiento. Están específicamente incluidas para mejorar las capacidades de la Teoría de la Mente. Carol Gray recomienda incluir frases cooperativas para identificar quien puede necesitar ayuda, lo que puede ser un aspecto muy importante para gestionar una emoción, y frases directivas que sugieran una respuesta o elección de respuestas en una situación en particular. Las frases afirmativas explican un valor, opinión o norma, compartidos de forma común, la razón por la cual se han establecido unos códigos de conducta específicos y el por qué hay una expectativa de conformidad. Las frases de control están escritas por los niños, para que identifiquen estrategias personales que ayuden a recordar lo que hacer. Carol Gray ha desarrollado una fórmula de Social Story™ de tal forma que el texto describa más que lo que dirige. Las Social Story™ necesitarán también un título, que debería reflejar las características esenciales o criterios de una Social Story™. Puede conseguirse más entrenamiento sobre cómo escribir Social Stories™ efectuando el programa *Writing Social Stories*™ (Gray 2000).

Después de escribir la Social Story™, otras personas del día a día del niño necesitarán saber cómo le pueden ayudar a poner en funcionamiento con éxito los nuevos conocimientos y estrategias. El niño puede crear un libro o carpeta de Social Stories™ para guardar las historias como libro de referencia en casa o en el colegio, y tener copias de algunas Historias que puedan llevarse en el bolsillo o en una billetera para volver a leerlas, para refrescar su memoria justo antes o durante una situación en la que sea necesaria la Social Story™ .

Evidencia de investigación sobre la eficacia de explorar sentimientos

El autor y Kate Sofronoff, de la Universidad de Queensland en Australia, han llevado a cabo dos estudios para examinar la eficacia del programa Explorar Sentimientos para reducir los niveles notificados de ira e ansiedad. Ambos estudios han sido utilizados como ensayo aleatorio controlado del programa, en niños con diagnóstico de Síndrome de Asperger. El primer estudio examina el programa Explorar Sentimientos para gestionar la ansiedad. Se reclutaron sesenta y cinco niños de edades comprendidas entre los 10 y 12 años para participar en el estudio. Se tomaron medidas en tres ocasiones, antes de la intervención, inmediatamente y después de la intervención y un seguimiento de seis semanas. Se compararon dos formas de intervención, una en la que sólo participaban los niños, pero se les daba materiales escritos a los padres, y el otro en el que a los padres se les enseñaban todas las estrategias e información igual que a los niños. Se compararon los dos grupos de intervención con un grupo de control en lista de espera. El programa Explorar Sentimientos fue llevado a cabo por estudiantes de postgrado en psicología clínica de la Universidad de Queensland en Brisbane, Australia, con grupos de tres niños y dos psicólogos.

La primera medida, "James y la Prueba de Matemáticas" fue llevada a cabo por el niño y estaba desarrollada específicamente para el estudio. A cada niño se le pidió que generara estrategias para "James" que hicieran frente a su ansiedad en la situación subrayada en la historia. El Sistema de puntuación para James y la prueba de matemáticas, era de un punto por cada estrategia positiva que se generase. Al final del estudio, el análisis de los resultados confirmaba una mejora significativa para generar estrategias, a lo largo del tiempo en los dos grupos de intervención, comparado con el grupo de control en lista de espera. La segunda medida del estudio era un informe para medir la ansiedad del niño hecho por los padres. La tercera medida era un informe para calibrar el nivel de preocupación social experimentada por el niño, hecho por los padres. Los resultados que usaban los informes de medidas de ambos padres demostraban que el programa Explorar Sentimientos era eficaz reduciendo la sintomatología de la ansiedad, con una reducción significativa en el grado determinado por los padres desde antes de la intervención hasta el seguimiento de seis semanas, ambos sobre puntuación total y sobre subescalas individuales. Una medida paterna de autoeficacia en la gestión de problemas típicos de comportamiento también mostraba una mejora significativa en ambos grupos de intervención. Los comentarios de los padres acerca del programa eran significativamente más positivos en la segunda intervención, en la que estaban incluidos de forma más activa.

Cuando se llevan a cabo ensayos de intervención, a menudo no es posible captar o incluso formular una hipótesis sobre algunos de los hallazgos de una forma cuantitativa. Como parte del programa de evaluación, los autores del estudio pidieron a los padres que describieran cualquier cambio en su hijo/a, tanto positivo como negativo, que notaran que pudiera atribuirse a su participación en el programa. Muchos padres apuntaron al Desarrollo de Amistad entre sus hijos. Algunos padres también notaron que los niños parecían más seguros en sus interacciones diarias y sugerían que el rato que pasaban con niños similares a ellos mismos, y con terapeutas muy positivos, había ayudado en este aspecto. Otros padres informaron que, así como sus hijos todavía tenían problemas, descubrieron que los niños eran más lentos a la hora de estar angustiados y se recuperaban más pronto del mismo, en especial si les podían animar a usar estrategias que hubieran aprendido. Curiosamente, la mayoría de los niños que participaban en el programa disfrutaban yendo a la universidad cada semana, y muchos niños estaban bastante consternados cuando terminó el programa. El documento sobre el estudio usando el programa Explorar Sentimientos para gestionar la ansiedad ha sido aceptado para publicarse en 2005 (Sofronoff and Attwood, en imprenta).

El segundo estudio, también llevado a cabo por el autor y Kate Sofronoff, examinó la eficacia del programa Explorar Sentimientos, para gestionar la ansiedad. Se cogieron aleatoriamente cuarenta y cinco niños, de edades comprendidas entre los 10 y los 14 años, diagnosticados con Síndrome de Asperger, para un grupo de control experimental o lista de espera. La presencia de problemas para gestionar la ansiedad se estableció usando una entrevista padres e hijos. Como en el estudio previo, fueron estudiantes de postgrado en psicología clínica, quienes llevaron a cabo el programa. En condiciones de intervención, los niños fueron asignados por parejas y cada pareja trabajaba en el programa con dos psicólogos. A los padres los colocaron juntos para formar un "grupo de padres" y un psicólogo trabajó con ellos en todos los componentes de cada sesión, al mismo tiempo que tenían lugar las sesiones con los niños.

La primera medida, "Dylan está siendo molestado" la completaba el niño, y estaba desarrollada específicamente para estudiar la capacidad del niño para generar Estrategias adecuadas de gestión de la ansiedad. Esta y todas las demás medidas se administraban antes de la intervención, después de la intervención y en las 6 semanas de seguimiento. El niño terminaba el cuestionario sobre sus propios problemas con la ansiedad y los padres completaban una medida de evaluación durante la semana antes de empezar el programa. Se les pedía a los padres que anotasen el número de casos de ansiedad que el niño sufría cada día. También se les pidió a los padres que indicaran cómo de seguros se sentían sus hijos gestionando su propia ansiedad, usando la misma escala de puntuación. Los padres también hicieron un inventario generalizado de la ansiedad.

Los análisis preliminares de los resultados del estudio indicaban claramente que el número de episodios de ansiedad que indicaban los padres disminuía significativamente con el paso del tiempo y que se mantenía durante el seguimiento. Además, los padres describían un aumento en su propia confianza en gestionar la ansiedad de sus hijos, que se mantenía en el seguimiento y una percepción de que el niño tenía más seguridad en su propia capacidad para gestionar la ansiedad. La medida generalizada de la ansiedad también mostró una disminución significativa con el tiempo para el grupo de intervención. El papel del estudio del programa Explorar Sentimientos, para gestionar la ansiedad todavía se está preparando antes de ser entregado a una revista de investigación.

Puede obtenerse más información del autor en (waiting to get a working email from Tony).

Referencias

Gray, C.A. (1998) 'Social Stories™ and Comic Strip Conversations with students with Asperger Syndrome and High-Functioning Autism.' In Schopler, E., Mesibov, G. and Kunce, L.J. (eds) *Asperger's Syndrome or High-Functioning Autism* New York: Plenum Press.

Gray, C. A. (2000) *Writing Social Stories™ with Carol Gray*. Arlington, Future Horizons.

Gray, C. A. (2004) Social Stories™ 10.0 *Jenison Autism Journal*. 15, 2-21.

Social Stories 10.0: The New Defining Criteria and Guidelines, *Jenison Autism Journal*, Vol. 15, #4, pp. 2-21, Jenison Public Schools, Jenison, MI.

Holliday Willey, L. (1999) *Pretending to be Normal: Living with Asperger's Syndrome*. London: Jessica Kingsley Publishers.

Jackson, L. (2002). *Freaks, Geeks and Asperger Syndrome: A User Guide to Adolescence*. London: Jessica Kingsley Publications.

Sofronoff, K. and Attwood, T (in press) A Cognitive Behaviour Therapy Intervention for Anxiety in Children with Asperger's Syndrome *Journal of Child Psychology and Psychiatry.*

EXPLORAR SENTIMIENTOS

Terapia Cognitivo Conductual para Gestionar la ANSIEDAD

— SESIÓN 1 —

1) Presentación de los Participantes

A. Mi favorito/a

Comida _____

Bebida _____

Tarea escolar _____

Programa de TV _____

Deporte _____

Libro _____

Héroe _____

B. Fortalezas y Talentos

Todos tenemos fortalezas y talentos. Mis fortalezas y talentos son actividades que hago bien o que me gustan. Algunas de ellas son:

_____

_____

_____

_____

C. Pon una señal al lado de tu Fortaleza o talento

❑ Leer

❑ Ortografía

❑ Escritura a mano

❑ Informática

❑ Matemáticas

❑ Historia

❑ Ciencia

❑ Creatividad

❑ Hechos sobre _____ (Rellena tu tema favorito)

❑ Juegos de Construcción

❑ Muñecas

❑ Entender a los animales

❑ Imaginación

❑ Conocimiento

❑ Ser amigo

❑ _____

❑ _____

D. Qué tiene de bueno mi

Cuerpo – mis cualidades físicas

_____

_____

_____

_____

Pensamiento – mis cualidades intelectuales

_____

_____

_____

_____

Carácter – El tipo de persona que soy

_____

_____

_____

_____

E. Si tienes algún interés especial, que es algo de lo que sabes casi tanto como un experto, ¿de qué se trata?

_____

_____

_____

_____

2) Estar Contento

Nuestros estados de ánimo cambian a cada momento. Uno de los estados de ánimo del que disfrutamos es estar contento. Ahora vamos a explorar el sentimiento de estar contento.

A. ¿Cuándo te sientes especialmente contento?

_____

_____

_____

_____

B. ¿Qué crees que te haría sentirte contento?

_____

_____

_____

C. ¿Cómo sabemos que estamos contentos?

¿Cómo se ve tu cara?

_____

_____

¿Qué clase de pensamientos tienes?

_____

_____

¿Cómo están tus niveles de energía?

_____

_____

¿Cómo mueves el cuerpo?

_____

_____

¿Cómo cambia tu voz?

_____

_____

D. Juego de la cuerda (Parte 1)

Quédate de pie en el punto de la cuerda que representa cuán contento te sentirías en estas situaciones. Un extremo de la cuerda representa no muy contento y el otro extremo muy contento.

Tú eliges dónde quedarte.

1. Se te permite tener un día libre sin colegio.

2. Obtienes una A para una tarea escolar.

3. Estás invitado a una fiesta de cumpleaños.

4. Te encuentras y te quedas $20.00.

5. Tu madre dice que te quiere.

E. Juego de la cuerda (Parte 2)

Coloca las palabras siguientes que describen los distintos niveles de felicidad en la posición de la cuerda que mide la fuerza del sentimiento.

Contento	Emocionado	Encantado
Orgulloso	Eufórico	Satisfecho
Esperanzado	Alegre	Jovial
Alborozado	Tierno	Animado
Entusiasta	_____	_____

3) Estar Relajado

A. Otro sentimiento es estar relajado.

Hay algunas palabras que expresan distintos grados de relajación. En el juego anterior, ¿dónde colocarías cada palabra en la cuerda?

Calmado	Contento	Pacífico
Seguro	Confortable	Tranquilo
Relajado	Sereno	Seguro
Descansado	Cómodo	Compasivo
Tranquilo	Familiar	Sereno

_____   _____   _____

B. ¿Cómo refleja tu cuerpo que estás relajado?

¿Qué le pasa a tu:

Corazón _____

_____

Respiración_____

_____

Postura _____

_____

Habla _____

_____

Movimiento_____

_____

Pensamiento _____

_____

Gestos _____

_____

C. ¿Cuándo estás relajado y por qué te ayuda sentirte relajado?

_____

_____

_____

_____

D. Práctica de relajación

Método físico a base de usar la respiración y los músculos.
Métodos de pensamiento a base de usar la imaginación y
hablar consigo mismo.

4) Explicación del proyecto.

Proyectos para la Sesión 1

Cosas por las que estar contento:

En mi habitación

_____

_____

_____

En mi casa

_____

_____

_____

Mi familia

_____

_____

_____

Mis amigos

_____

_____

_____

Yo

_____

_____

_____

Ordenadores

_____

_____

_____

Fines de semana

_____

_____

_____

Otras cosas

_____

_____

_____

Diario de Felicidad

Durante la próxima semana recuerda un momento en el que te sintieras especialmente contento y por qué. ¿Eso hizo que alguien más se sintiera contento?

_____

_____

_____

_____

Pon una nota de cuando ayudaste a alguien a estar contento y cómo lo lograste.

_____

_____

_____

_____

Crea un libro de placeres

Crea un álbum de recortes de las actividades, experiencias, pensamientos y sensaciones que te ponen contento. Da una breve explicación del por qué te hacen sentir contento. Esto puede incluir actividades y pensamientos favoritos, así como sensaciones como una comida favorita, un aroma, una textura, un sonido o un lugar.

Recoger imágenes de relajación

A partir de revistas y periódicos, encuentra y recoge algunas imágenes de gente que esté relajada y describe por qué lo están y cuán relajados crees que están en una escala del 1 al 10, siendo el 10 extremadamente relajados.

Crear tarjetas de referencia

Crea imágenes o utiliza fotografías, escenas o situaciones que te hagan sentir relajado al mirarlas. La tarjeta debe ser lo suficientemente pequeña y fuerte como para que te quepa en el bolsillo, por ejemplo, del tamaño de una tarjeta de crédito. Intenta crear unas tres tarjetas.

¿Qué me hace estar ansioso?

Aquí tienes una lista de declaraciones que describen lo que a algunas personas les hace estar ansiosas. Comprueba las que son verdaderas para ti y cuán ansioso le hace sentir del 1 al 10 (con 10 siendo muy ansioso).

Declaraciones	Grado
❏ Que me molesten en la escuela	
❏ Tener un profesor suplente nuevo en clase	
❏ No poder dormir	
❏ Alguien me hace daño deliberadamente en clase	
❏ Que me muerda una serpiente o una araña venenosa	
❏ Cometer un error en los deberes	
❏ Perder el control	
❏ Cuando la gente me impide hacer lo que quiero	
❏ Cuando otros reciben más atención que yo	

❑ Vomitar.. ☐

❑ Oir ruidos en particular como.............................. ☐

❑ El sabor o la textura de un alimento como............. ☐

❑ Mis sueños .... ☐

❑ Estar solo .... ☐

❑ Llorar... ☐

❑ Ser expulsado por un profesor............................... ☐

❑ Elegir.. ☐

❑ Lo que los demás piensen de mí .... ☐

❑ Hacer mis deberes .... ☐

❑ Que me castiguen.. ☐

❑ Ir a la escuela.. ☐

❑ El recreo .... ☐

❑ No tener amigos.. ☐

❑ Parecer estúpido .... ☐

❑ Fantasmas.. ☐

❑ Ir al hospital .... ☐

❑ Ser enviado al despacho del director .... ☐

❑ Las alturas... ☐

❑ Estar en una multitud .... ☐

❑ Tormentas .... ☐

❑ Que mis padres discutan....................................... ☐

❑ Gérmenes... ☐

❑ No poder respirar .... ☐

❑ Un examen... ☐

Nombre..

EXPLORAR SENTIMIENTOS

Terapia Cognitivo Conductual para Gestionar la ANSIEDAD

— SESIÓN 2 —

1) Revisar los puntos principales descubiertos en la sesión 1

2) Discutir el trabajo del proyecto de cada persona

A. Cosas por las que estar contento

B. Diario de felicidad

C. Libro de placeres

D. Imágenes de relajación

E. Tarjetas de notas

F. Lista sobre sentir ansiedad

3) Porque nos sentimos ansiosos

A. ¿Qué le ocurre a nuestro cuerpo y nuestra mente cuando nos sentimos ansiosos?

1. Pulsaciones cardíacas_____

2. respiración_____

3. músculos_____

4. postura _____

5. cara _____

6. habla _____

7. pensamiento_____

B. Juego: Cosas que pasan cuando nos sentimos ansiosos.
Decide cuál de los siguientes son signos o pistas de sentirse ansioso.

manos sudorosas	ojos abiertos	tos
nudo en la garganta	nariz que moquea	boca seca
ritmo cardíaco aumentado	quedarse dormido	eructar
llorar	tensión muscular	estornudar
respirar rápido	hormigueo en la barriga	piel de gallina
rechinar dientes	rodillas tambaleantes	ruborizarse
mover las manos	castañear dientes	parpadear
dolor de cabeza	voz temblorosa	reir
sentirse asustado	sentirse mareado	necesidad de ir al baño
sonreir	pensamientos felices	estar relajado
bostezar	sentirse fuerte	aplaudir
picores	pensar en golpear a alguien	dar un puñetazo a la cara
enrojecida	fruncir el ceño	romper cosas
decir palabrotas	mirar fijo a alguien	gritar

4) Héroes que se sienten ansiosos

¿Puedes pensar en un héroe de libro, película o programa de televisión que se haya sentido ansioso? Cuándo piensas en esta persona, ¿por qué se estaba enfadando y cómo superaron ese sentimiento? ¿Qué hizo o pensó que pudiera detener ese sentimiento tan fuerte?

_____

_____

_____

_____

_____

_____

_____

5) Un momento en que estuviera ansiosos

Piensa en un momento o situación en el que te sintieras muy ansioso. Dibuja un esquema simple de ti en una hoja grande de papel. En el esquema escribe el efecto sobre tu:

A. ritmo cardíaco _____

B. respiración _____

C. músculos _____

D. postura _____

E. cara_____

F. habla_____

G. pensamiento—usar globos de pensamiento; puedes usar varios si tienes varios pensamientos.

Mide también el grado de ansiedad en una escala del 1 (un poco ansioso) al 10 (realmente ansioso). Luego explica cómo gestionaste el sentirte ansioso, ¿qué hiciste o dijiste? ¿Te ayudó alguien y cómo? Haz una lista:

_____

_____

_____

6) Una caja de herramientas emocional para arreglar el sentimiento

Al igual que tenemos una caja de herramientas llena de distintos utensilios para reparar una máquina, podríamos imaginar otro tipo de caja de herramientas para reparar algunos de nuestros sentimientos. Podría haber distintos tipos de herramientas en tu caja de herramientas emocional. Un tipo de utensilio en una caja de herramientas es un martillo. Un martillo podría representar actividades físicas que usan mucha energía que puede "reparar" el sentimiento de ansiedad. Otra herramienta de la caja es un cepillo para quitar el polvo. Este podría representar cosas que puedes hacer para ayudar a relajarte y permanecer tranquilo.

Proyectos para la Sesión 2

Piensa en algunas actividades físicas ("herramientas" físicas) o relajantes ("herramientas" relajantes) que puedas hacer para que te ayuden a sentirte menos ansioso. En una hoja de papel escribe las cosas que ya haces o podrías hacer. En la otra página, pregunta a miembros de tu familia o amigos, ideas o "herramientas" y escríbelas.

Puede que uses sus ideas o "tomes prestadas sus herramientas"

EXPLORAR SENTIMIENTOS

Terapia Cognitivo Conductual para Gestionar la ANSIEDAD

— SESIÓN 3 —

1) Revisar los puntos principales descubiertos en la sesión 2

2) Discutir y compartir el trabajo del proyecto de cada persona:

A. Una caja de herramientas emocional – Actividades físicas

B. Una caja de herramientas emocional – Actividades relajantes

3) Una caja de herramientas emocional - Parte 2

A. Herramientas sociales

¿Cómo pueden ayudarte otras personas a arreglar tus sentimientos?

1. Si tu amigo estuviera ansioso, ¿cómo podrías ayudarle? ¿esto también funcionaría para ti?

_____

_____

_____

2. Si tu hermano/hermana/primo estuvieran ansiosos, ¿cómo podrías ayudarles?

_____

_____

_____

3. Si tu madre, padre, abuela o cuidadora estuvieran ansiosos, ¿cómo podrías ayudarles?

_____

_____

_____

4. ¿Cómo podrían ayudarte ellos?

_____

_____

_____

Piensa en las herramientas sociales que pudieras tener en tu caja de herramientas y por qué son útiles cuando estás ansioso.

- ¿con quién podrías hablar, animales o personas?

- practica usando las herramientas sociales

_____

_____

_____

B. Herramientas de pensar

Los pensamientos que eliminan los sentimientos de ansiedad. Lo que podrías decirte a ti mismo.

1. Podría poner las cosas en perspectiva mediante:

_____

_____

_____

2. Una comprobación realista podría ser:

_____

_____

_____

3. Podría pensar en las consecuencias mediante:

_____

_____

_____

4. Podría usar mi imaginación para:

_____

_____

_____

C. Otras herramientas
Otras cosas que pueden ayudarme a estar menos ansioso.
1. Un interés especial.
    ¿cómo podrían ayudarme mis aficiones e intereses?

_____

_____

_____

2. El humor podría ayudar mediante:

_____

_____

_____

3. Actuar podría ayudar mediante:

_____

_____

_____

D. Herramientas inapropiadas
¿Qué podrías hacer o pensar que hiciera que tus sentimientos empeorasen?

_____

_____

_____

Proyectos para la Sesión 3

1. Haz tu propia caja de herramientas emocional

2. Entre ahora y la siguiente sesión, cuando empiezas a estar ansioso, intenta usar algunas de las herramientas de tu caja de herramientas. ¿Qué herramienta/s usaste? ¿Funcionaron?

_____

_____

_____

_____

_____

_____

_____

_____

EXPLORAR SENTIMIENTOS

Terapia Cognitivo Conductual para Gestionar la ANSIEDAD

— SESIÓN 4 —

1) Revisar los puntos principales descubiertos en la sesión 3

2) Discutir la caja de herramientas emocional de cada persona, y como usaron las "herramientas" desde la última sesión.

3) Actividad del termómetro

A. Quédate en la cuerda que representa un "termómetro" para medir el grado de ansiedad. Tu posición debería expresar tu grado de ansiedad en cada una de las situaciones:

- Que te envíen al despacho del director
- Tu profesor de siempre hoy no viene y el profesor sustituto es alguien que no conoces.
- Dos niños que te molestan se aproximan hacia ti en el patio de la escuela.

B. Piensa en una situación que te haga sentir un poco ansioso. ¿Cuál sería esta situación?

_____

_____

_____

4) **Practica usando la caja de herramientas emocional para ayudar en la situación que describes.**

Proyectos para la Sesión 4

1. Dibuja un termómetro en una gran hoja de papel, acerca del tamaño de un periódico abierto. Piensa en situaciones que te hagan estar ansioso, desde un poco a realmente ansioso. Escribe cada situación en una nota adhesiva, y pégalos en el termómetro en el lugar que representa el grado de ansiedad que sientes.

2. Practica usando la caja de herramientas emocional en la situación que describías en la página anterior. ¿Qué sucedió?

_____

_____

_____

_____

¿Qué hiciste?

_____

_____

_____

_____

¿Las "herramientas" tuvieron éxito?

_____

_____

_____

_____

EXPLORAR SENTIMIENTOS

Terapia Cognitivo Conductual para Gestionar la ANSIEDAD

— SESIÓN 5 —

1) Revisa los puntos principales descubiertos en la sesión 4

2) Discute el termómetro de cada persona y los Notas adhesivas y revisa las estrategias usadas, discutidas en la sesión anterior.

3) Social Stories™

Escoge una situación que te haga sentir un poco ansioso y que podamos escribir una Social Story™ para ayudarte a entender la situación y sentirte menos ansioso.

_____

_____

_____

_____

_____

_____

_____

4-A Antídoto para los pensamientos envenenantes

En esta actividad puedes crear pensamientos que actúen como un "antídoto" contra los "pensamientos envenenantes". La primera actividad es decidir si los pensamientos siguientes son un antídoto o un "veneno" que te hará sentir más ansioso. Marca **A** (antídoto) o **V** (veneno), al lado de cada frase.

Soy un perdedor .... ☐

Se reirán de mí .... ☐

Puedo estar tranquilo .... ☐

Tengo amigos que son amables .... ☐

No soy bueno en deberes .... ☐

No es ganar, sino disfrutar del juego .... ☐

No puedo hacer que funcione .... ☐

Todo el mundo me odia .... ☐

Relajarme hace que piense mejor .... ☐

Lo haré mejor la próxima vez .... ☐

Buena decisión .... ☐

Voy a demostrar lo maduro que soy .... ☐

Podría morirme de miedo .... ☐

El profesor estaría contento si estoy calmado ..... ☐

Piensa, luego escoge .... ☐

4-B Crea un pensamiento que sea un antídoto para los "pensamientos envenenantes" siguientes

1. Siempre cometo errores

_____

_____

_____

2. Soy un inútil en el balonmano

_____

_____

_____

3. Todos me odian

_____

_____

_____

4. Nadie es amigo mio

_____

_____

_____

5. No puedo con esto

_____

_____

_____

6. Voy a llorar

_____

_____

_____

7. Los ruidos son demasiados fuertes

_____

_____

_____

8. Va a producirse un cambio

_____

_____

_____

Proyectos para la Sesión 5

1. Escribe una Social Story™ con tus padres sobre una de las situaciones que te hacen sentir ansioso. Luego, usa Estrategias en la Social Story™ para la situación real.

_____

_____

_____

_____

_____

2. Escribe una lista de tus propios "pensamientos envenenantes" y tus propios antídotos.

_____

_____

_____

_____

_____

EXPLORAR SENTIMIENTOS

Terapia Cognitivo Conductual para Gestionar la ANSIEDAD

— SESIÓN 6 —

1) Revisa los puntos principales

2) Discute la Social Story™ de cada persona y enumera antídotos para los pensamientos envenenantes.

3) Compartir estrategias

Escoge otra situación en la que te sientas ansioso y describe la situación brevemente y cómo de ansioso te sientes en tu termómetro.

_____

_____

_____

_____

_____

_____

_____

4) Decide qué herramientas podrías usar de tu caja de herramientas.

A. Herramientas de actividad

_____

_____

_____

_____

B. Herramientas de relajación

_____

_____

_____

_____

C. Herramientas sociales

_____

_____

_____

_____

D. Herramientas de pensar

_____

_____

_____

_____

E. Otras herramientas

_____

_____

_____

_____

5) **Escribe una Social Story™ para ayudarte a entender la situación y darte un plan de qué hacer.**

_____

_____

_____

_____

_____

_____

_____

_____

6) Crea pensamientos que puedas decir para ti mismo que puedan ser un antídoto para pensamientos envenenantes.

_____

_____

_____

_____

_____

_____

_____

EXPLORAR SENTIMIENTOS

Terapia Cognitivo Conductual para Gestionar la ANSIEDAD

— APUNTES DEL INSTRUCTOR —

Temas centrales

Sesión 1—Introducción

Fortalezas y talentos
Ser feliz
Estar relajado

Sesión 2— Por qué nos sentimos ansiosos

Héroes que se sienten ansiosos
Una época en la que me sentí ansioso
Una caja de herramientas emocional– herramientas físicas
Una caja de herramientas emocional- herramientas de
relajación

Sesión 3—Caja de herramientas emocional

Herramientas sociales
Herramientas de pensar
Otras herramientas
Herramientas inapropiadas

Sesión 4—Practicar usando la caja de herramientas

Sesión 5—Social Stories™

Antídoto para los pensamientos envenenantes

Sesión 6—Compartir estrategias

Sugerencias para la cohesion de grupo

Poner énfasis en el éxito y el descubrimiento

Tener cuidado con el lenguaje Reconocer la inteligencia

Usar el interés especial como metáfora

Sin respuestas correctas o incorrectas

Al empezar la sesión 1 deberán establecerse unas reglas del juego.

Una persona lidera la actividad. La función de la otra persona es registrar la información y mantener la atención.

James y la prueba de matemáticas

La profesora de James es la Sra. Smith. Es una profesora Buena y agradable. A él le gusta cómo da la clase. Hace que la clase sea tranquila sin que los niños no se molesten entre ellos. Ayuda a James con su dificultad para comprender las matemáticas.

El martes puso una prueba de matemáticas difícil para la clase y James está preocupado porque no lo hará bien y los demás niños pensaran que es estúpido. El día de la prueba de matemáticas, el director entra en la clase y dice que la Sra. Smith está enferma y que vendrá una profesora nueva a dar clase, pero que continúan teniendo la prueba de matemáticas. James está muy ansioso porque tiene una nueva profesora ese día y los niños están siendo muy bulliciosos con una profesora sustituta. James también está preocupado porque no le molesten, en especial si no lo hace bien en la prueba de matemáticas.

Escribe lo que James podría hacer y pensar para estar menos ansioso.

_____

_____

_____

_____

_____

_____

_____

_____

_____

Sesión 1

Tiempo	Actividad	Recurso

10 mins   **James y la prueba de matemáticas**
Distribuir "James y la prueba de matemáticas" a cada
participante. Explicarles que ahora la rellenarán y después al
final de la sesión 6. Quizás vean que sus respuestas cambian
como resultado del programa.

Lápices

Copia de "Están
molestando a Dylan"
x nº de participantes.

15 mins   **Introducción**
Los participantes terminan las secciones A a E en su hoja
y cuando terminan, comparten brevemente la información.
Enfatizar cualquier similitud entre participantes. Tomar
nota de cualquier talento o interés especial que puedan ser
añadidos al programa.

Libreta del
participante para
cada uno de ellos.

30 mins   **Estar contento:**
Secciones A y B: Con un papel encerado, escribir los
nombres de cada participante en la parte superior
de una columna y escribirlos para que todos vean las
respuestas de cada participante.

Papel encerado
Lápices

Sección C: En un papel encerado escribir las sugerencias de
cada participante. Podrías dibujar una figura e ilustrar las
sugerencias en ella.

Sección D: Se usa un trozo de cuerda para representar un
indicador del grado de sentimiento. Define que extremo
es ligeramente contento y cuál es muy contento. Lee en voz alta cada
afirmación y los participantes se quedan en el punto que representa sus
niveles de felicidad. Discutir brevemente cualquier diferencia significativa
entre la elección de cada participante.

Longitud de la cuerda

Sección E: Pon cada palabra en una tira de papel encerado
por separado. Distribúyelas entre los participantes, que
se turnarán para colocar cada tira a lo largo de la
cuerda. Anima la discusión – los participantes puede que
quieran expresar opiniones distintas de dónde pertenece
cada palabra particular en el indicador. Pregunta a los
participantes si pueden pensar en otras palabras que
expresen distintos niveles de felicidad y las escriban en una
tira de papel en blanco y la coloquen en el indicador. Pon
una nota de la posición de las tiras de papel para incluir el
indicador en las notas de la sesión para distribuirlas en la
sesión siguiente.

Palabras "felices" en
tiras de papel X 13

Unas pocas tiras de
papel en blanco

Time	Activity	Resource
50 mins	**Sentirse relajado** Sección A: Continúa la actividad anterior, pero esta vez con palabras que expresen los distintos grados de relajación.	Esquema del cuerpo en un papel encerado.
	Sección B: Usa papel encerado y haz un esquema de una persona. También muestra la expresión de relajación en tu propio cuerpo, gestos, etc.	Papel encerado y bolígrafos.
	Sección C: De nuevo, en un papel encerado identifica los mecanismos de relajación de cada participante que puedan usar en la actividad siguiente.	
	Sección D: Usa técnicas de relajación convencionales, anima a cada participante a visualizar la escena que ellos asocian con sentirse relajado. Al final de la práctica de relajación, pregunta a cada participante cómo se sintió y mide cuán relajado se sintió en una escala del uno al diez.	
10 mins	**Explica los proyectos** Explica los proyectos que deben terminar para la sesión siguiente. Anima a padres/profesor a ayudar al participante a terminar las tareas.	Cuadernos de los participantes
5 mins	**Revisa** Revisa los puntos principales de la sesión uno y prepara un folleto para distribuir al empezar la sesión siguiente. Este incluye los puntos generales y ejemplos específicos o estrategias relevantes para los participantes.	Folletos de puntos clave que deben prepararse.

Sesión 2

Tiempo	Actividad	Recurso
10 mins	**Puntos clave de la sesión anterior** Distribuye el resumen de los puntos clave descubiertos en la sesión 1.	Folletos de puntos clave
20 Mins	**Discusión del trabajo del proyecto** Si hay dos líderes, sepáralos en dos grupos y discute el trabajo de proyecto de cada participante. Explica el valor de los proyectos para alentar un sentimiento de felicidad.	Proyectos de los participantes
	Recoge cada hoja de trabajo de la ansiedad de cada participante, para poder usar la información en esta sesión y en futuras sesiones (N.B. asegúrate de que los participantes hayan puesto su nombre en la hoja).	Longitud de la cuerda
	Coloca las imágenes de relajación de los participantes a lo largo de la cuerda.	
25 Mins	**Educación afectiva: Por qué nos enfadamos** A. Qué le pasa a nuestros cuerpos y mentes cuando estamos ansiosos? Usa papel encerado para escribir las sugerencias de los participantes, para cada una de las 7 características. Cuando este, discute cómo la ansiedad nos da energía para permitirnos hacer frente a una amenaza.	Bolígrafos para papel encerado
	B. Juego: Cosas que ocurren cuando nos sentimos ansiosos. Prepara dos tarjetas de partida, "Estar ansioso" y "No estar ansioso", y escribe cada palabra en tarjetas más pequeñas. Los participantes colocan cada tarjeta en una o dos columnas, "Estar ansioso" o "No estar ansioso"	Tarjetas de partida X 2 Tarjetas de palabras de enfado X 34
10 Mins	**Héroes que se sienten ansiosos** En un papel encerado, escribe la información que te ha dado cada participante, comenta las situaciones y estrategias.	Papel encerado x nº de participantes

Time	Activity	Resource
20 Mins	**Una época en la que me sentía ansioso** Empieza usando un ejemplo personal para explicar la actividad. Luego pide a los participantes que trabajen en el suyo, con un papel encerado. Dales una guía.	Bolígrafos
20 Mins	**Una caja de herramientas emocional para arreglar el sentimiento.** Introduce brevemente el concepto de una caja de herramientas emocional. Explica que tenemos distintos tipos de "herramientas" para arreglar un sentimiento. Estas herramientas pueden ser: Herramientas físicas Herramientas de pensar Herramientas de relajación Otras herramientas Herramientas sociales Herramientas inapropiadas Coge dos hojas de papel listas con el dibujo de un martillo (físico) en una y un pincel (relajación) en la otra. Rápidamente, piensa en una lluvia de ideas sobre actividades físicas y métodos de relajación que pudieran ser "herramientas" para arreglar el sentimiento de ansiedad. Explica que en la siguiente sesión se explorarán los distintos tipos de "herramientas" para arreglar los sentimientos.	2 hojas de papel encerado Bolígrafos
5 Mins	**Revisa los puntos clave que se han discutido durante la sesión.**	
10 Mins	**Explica el proyecto** Enséñale las dos hojas de papel DIN A4 a cada participante. Explícales que deben llenar una de las hojas con ideas propias sobre formas de ayudarles a reducir su ansiedad. En la otra hoja pueden recoger ideas de sus familiares y amigos.	Hojas DIN A4 X 2 Póngalas para cada participante
5 Mins	**Revisa** Revisa los puntos principales de la sesión 2 y recógelos para que los repartan y distribuyan al empezar la sesión siguiente. Incluye los puntos generales y ejemplos específicos o Estrategias relevantes a los participantes.	Recoge los puntos clave para que los preparen.

"Herramientas" que puedo usar para ayudarme a sentirme menos ansioso

Actividades físicas

_____

_____

_____

_____

_____

_____

_____

Actividades de relajación

_____

_____

_____

_____

_____

_____

_____

"Herramientas" que usan mi familia o amigos

Actividades físicas

_____

_____

_____

_____

_____

_____

_____

Actividades de relajación

_____

_____

_____

_____

_____

_____

_____

Sesión 3

Tiempo	Actividad	Recurso
5 mins	**Puntos clave de la sesión anterior** Distribuye el resumen de los puntos clave descubiertos en la sesión 2.	Folletos de los puntos clave
20 mins	**Discute el trabajo del proyecto** Discute qué ha descubierto cada participante sobre herramientas físicas y de relajación, por sí mismo y por parte de su familia y amigos.	Proyectos de los participantes
25 mins	**A. Herramientas sociales** Las tres primeras secciones se centran en cómo puede ayudar el participante a otra persona que está ansiosa. En la sección 4, se aplican las ideas a sí mismos. Cada participante tiene su propia lista de herramientas sociales, incluidas personas y cómo puede ayudar cada persona.	Papel encerado x 4 bolígrafos
25 mins	**B. Herramientas de pensar** Empieza la reestructuración cognitiva. Toma nota de las palabras o estrategias que pudiera decirse a sí mismo cada participante. Una de las herramientas de pensar podría ser usar un libro de felicidad o placer creado como proyecto después de la sesión 1.	Papel encerado x 4 bolígrafos
25 mins	**C. Otras herramientas** El interés especial o afición puede usarse como relajante, pero también hay que discutir que la cantidad de tiempo implicada en este interés podría ser demasiado. Considera el humor – simplemente registrando un acontecimiento divertido o viendo el lado divertido, puede ser una herramienta potente. Otra herramienta es actuar como si alguien que conoces pudiera gestionar bien la situación.	Papel encerado x 4 bolígrafos

Tiempo	Actividad	Recurso
30 mins	**D. Herramientas inapropiadas** Estas pueden incluir sentimientos de alivio mediante destrucción, lesiones, etc. Los participantes generan sus pensamientos sobre cuáles son las herramientas inapropiadas y por qué. Estas pueden incluir alguna de las "herramientas" que ya usa un participante, que puede ser inapropiada.	Papel encerado x 4 bolígrafos
5 mins	**Proyecto** Explica como gracias a la ayuda de los padres, cada participante hace una caja de herramientas emocional y empieza a practicar usando las herramientas para ayudar a arreglar los sentimientos de ansiedad. La caja puede ser una caja de cartón con una tarjeta para cada tipo de herramienta o un diseño creativo que puedan hacer los participantes y los padres.	
5 mins	**Revisión** Revisa los puntos principales de la sesión 3 y prepara un folleto para distribuirlo al empezar la siguiente sesión. Incluye los puntos generales y ejemplos específicos o estrategias relevantes para los participantes.	Folletos de los puntos principales que hay que preparar

Sesión 4

Tiempo	Actividad	Recurso
10 mins	**Puntos clave de la sesión anterior** Distribuye el resumen de los puntos clave descubiertos en la sesión 3.	Folletos de los puntos clave
15 mins	**Discusión del trabajo del proyecto** Discute cómo ha progresado cada participante hacienda su propia caja de herramientas emocional y si ha conseguido usar alguna de las herramientas para ayudarse a arreglar sus sentimientos de ansiedad.	Proyectos de los participantes
20 mins	**Actividad del termómetro** A. Usa la longitud de una cuerda como "termómetro" para medir el grado de un sentimiento. Con cada situación, discute por qué los participantes han elegido un "grado" determinado de expresión. Reconoce a la persona que ha mostrado la menor ansiedad y discute cómo pueden gestionarla, tomando nota de sus estrategias para que los demás las usen.	Longitud de la cuerda Libretas de los participantes
20 mins	B. Cada participante rellena su libreta. Luego hace una lista de todas las situaciones que le provoca ansiedad Use la situación de cada participante con todos los demás para decidir dónde se encontrarían en la misma situación. Haz una lista de actividades que podrían ayudar a la persona en esa situación.	Papel encerado Bolígrafos
45 mins	**Jugar el papel de otro** Usa el juego de turnarse en el papel de la situación de cada participante para practicar las estrategias que ha generado el grupo.	
5 mins	**Proyecto** Explica el Proyecto y distribuye el papel encerado y las notas adhesivas.	Papel encerado y notas adhesivas (approx. 12-15) para cada participante

5 mins

Revisión

Revisa los puntos principales de la sesión 4 y prepara un folleto para distribuirlo al empezar la siguiente sesión.

Incluye los puntos generales y ejemplos específicos o estrategias relevantes para los participantes.

Folletos para preparar sobre los puntos clave

Sesión 5

Tiempo	Actividad	Recurso
10 mins	**Puntos clave de la sesión anterior** Distribuye el resumen de los puntos clave descubiertos en la sesión 4.	Folletos de los puntos clave
20 mins	**Discute el trabajo del proyecto** Discute el termómetro de cada persona y las Estrategias utilizadas desde la última sesión.	Proyectos de los participantes
45 mins	**Social Stories™** Explica cómo escribir una Social Story™ usando ejemplos, basada en la lista de los participantes con las situaciones que les crearon un sentimiento de ansiedad. (sesión 4, 3b).	Lista de situaciones que causan ansiedad.
15 mins	**Antídoto para los pensamientos envenenantes** A. Pide al grupo que decida si la lista siguiente de pensamientos es útil o no. Haz que pongan cada afirmación en un trozo de papel por separado y construye dos listas (Util e Inutil).	Tarjetas de afirmaciones x 16

Soy un perdedor
No puedo estar tranquilo
No soy bueno con los deberes
No puedo hacer que funcione
Relajarme hace que piense mejor
Buena decisión
El profesor estará contento si estoy tranquilo
Piensa y luego escoge
Se reirán de mí
Tengo amigos que son amables
No se trata de ganar sino de divertirse jugando

Tiempo	Actividad	Recurso
20 mins	B. Haz una lista de las ideas de los participantes y añade a esa lista los antídotos a los pensamientos envenenantes.	

Tiempo	Actividad	Recurso
5 mins	**Proyecto** Explica el proyecto.	
5 mins	**Revisión** Revisa los puntos principales de la sesión 5 y prepara un folleto para distribuirlo al empezar la siguiente sesión. Incluye los puntos generales y ejemplos específicos o estrategias relevantes de los participantes.	Preparar folletos de los puntos clave

Sesión 6

Tiempo	Actividad	Recurso
10 mins	**Puntos clave de la sesión anterior** Distribuye el resumen de los puntos clave descubiertos en la sesión 5.	Folletos de los puntos clave
10 mins	**Discusión del trabajo del proyecto** Discute la Social Story™ de cada participante y haz una lista de antídotos a pensamientos envenenantes.	Social Stories™ de los participantes y antídotos
40 mins	**Estrategias** Los participantes pueden trabajar en parejas las secciones 3, 4, 5 y 6, para diseñar un programa para cada uno. Dedica 20 minutos a cada persona.	Papel Bolígrafos
25 mins	Revisa las Estrategias del programa como una actividad de todo el grupo.	
15 mins	**Conclusión** Pide a los participantes que hagan una lista con los puntos clave que han aprendido gracias a este curso.	Papel de encerar
15 mins	Distribuye "James y la prueba de matemáticas".	Haz una copia de "James y la prueba de matemáticas" para cada participante.
5 mins	Distribuye los certificados	Lápices Certificado de participación para cada participante

CPSIA information can be obtained
at www.ICGtesting.com
Printed in the USA
JSHW030725040720
6439JS00002B/3